6大社交主题实景再现 | 34大社交难点

分寸

的本质

—— 孙玉忠 ◎ 编著　彤文青苗工作室 ◎ 绘 ——

北方妇女儿童出版社

· 长春 ·

图书在版编目（CIP）数据

分寸的本质 / 孙玉忠编著 ; 彤文青苗工作室绘. --
长春 : 北方妇女儿童出版社, 2024.2（2025.2重印）

ISBN 978-7-5585-8337-7

Ⅰ.①分… Ⅱ.①孙… ②彤… Ⅲ.①人生哲学—通
俗读物 Ⅳ.①B821-49

中国国家版本馆CIP数据核字(2024)第019076号

分寸的本质

FENCUN DE BENZHI

出 版 人	师晓晖
责任编辑	关　巍　郭　菁
装帧设计	天下书装
开　　本	710mm×1000mm　1/16
印　　张	9
字　　数	150千字
版　　次	2024年2月第1版
印　　次	2025年2月第14次印刷
印　　刷	阳信龙跃印务有限公司
出　　版	北方妇女儿童出版社
发　　行	北方妇女儿童出版社
地　　址	长春市福祉大路5788号
电　　话	总编办：0431-81629600

定　　价　　49.90元

人生的旅程宛如一场奇妙的冒险，充满了不可预测的考验和挑战。在这漫长的旅途中，我们不仅要直面错综复杂的人际关系，还要应对五花八门的成长难题。这就需要我们具备扎实的自我素养、高尚的道德品质和卓越的实际能力，更需要掌握一套全方位、细致入微的为人处世的智慧。

那么，为人处世的智慧是什么？简单来说，它可以用两个字来概括——"分寸"。何谓分寸？分寸这个概念看起来宽泛，却蕴含着极大的智慧。它既可能是一种宏观的把握，需要深思熟虑，又可能是微观的细致处理，与我们日常生活息息相关。有时，分寸甚至能够在一定程度上决定我们为人处世的效率和结果。因此，要在人际交往中有所收获、在生活中有所成就，我们必须掌握分寸的智慧，并深入了解它的本质。

基于这一现实意义，我们为广大读者编写了《分寸的本质》这本书。本书以"分寸"为主题，旨在通过深入细致的剖析，探讨为人处世过程中的各种情境、状况和问题，向读者全面阐释分寸的本质。通过对分寸的深入理解和灵活运用，让读者能够更自信地处理各种人际交往，更明智地应对生活中的挑战与抉择。

值得一提的是，本书不仅提供了剖析分寸本质的观点，还紧密结合了现实生活中的人际交往情境，以一种层层递进、环环相扣的方式，为读者阐释分寸在各种情境中的具体运用。从浅显易懂的例子到复杂多变的人际问题，力求为读者呈现一个贴近生活、富有实用性的指南。

通过阅读本书，读者将不仅领略一个全新的交际世界，还感受一次酣畅淋漓的分寸之旅，一睹分寸智慧在实际生活中的精彩妙用。最后，希望每位读者能够在本书中找到对自己为人处世的启发，通过对分寸本质的理解和运用，提升个体在人际交往中的能力，轻松而充实地面对各种人生境遇。

愿读者朋友在阅读之旅中获得满满的收获，享受一场关于分寸智慧的精彩之旅！

CONTENTS
目 录

第一篇　低调理智，做人要讲分寸

锋芒内敛，低调之中见高明……………………………002

平和的力量，理直气不壮的智慧…………………………006

真诚的回报：以诚待人得人心……………………………010

尽责不越界，不多管他人之事……………………………014

不因讨好而失去分寸，坚守原则很重要…………………018

冲动是错误的开始，保持冷静至关重要…………………022

第二篇　宽容大度，处世要有分寸

小善积德，珍惜每个行善的机会…………………………026

与人为善，真正的善念不求回报…………………………030

胸怀宽广，小事糊涂大事清醒……………………………034

做好自己，别拿情分要求他人……………………………038

诚实待己，不要随便糊弄自己……………………………040

得理饶人，以宽容之心对待纷争…………………………042

第三篇　进退有度，做事要守分寸

灵活应变胜于死守计划，行动中寻觅智慧………………048

淡泊名利，在名利中保持自我……………………………050

别太较真儿，凡事学会留有余地⋯⋯⋯⋯⋯⋯⋯⋯⋯⋯054

以和为贵，做人做事大度一些⋯⋯⋯⋯⋯⋯⋯⋯⋯⋯058

适时示弱，偶尔低头成大事⋯⋯⋯⋯⋯⋯⋯⋯⋯⋯⋯062

轻装上阵，不要背负太多包袱⋯⋯⋯⋯⋯⋯⋯⋯⋯⋯066

第四篇　谨言慎行，言行要有分寸

言不在多，有时啰唆反会出错⋯⋯⋯⋯⋯⋯⋯⋯⋯⋯072

口下留情，不要随意下定论⋯⋯⋯⋯⋯⋯⋯⋯⋯⋯⋯076

点到为止，说话要学会留一半⋯⋯⋯⋯⋯⋯⋯⋯⋯⋯080

适度的"自我暴露"，拉近彼此的距离⋯⋯⋯⋯⋯⋯⋯084

耐心倾听，不要急于表达自我⋯⋯⋯⋯⋯⋯⋯⋯⋯⋯088

正视口误，巧妙弥补不留遗憾⋯⋯⋯⋯⋯⋯⋯⋯⋯⋯092

第五篇　保有底线，共事要讲分寸

"亲密有间"，尊重彼此的个人空间⋯⋯⋯⋯⋯⋯⋯⋯096

规避忌讳，别因无知毁了交情⋯⋯⋯⋯⋯⋯⋯⋯⋯⋯100

大巧若拙，凡事要懂得收敛一些⋯⋯⋯⋯⋯⋯⋯⋯⋯104

竞争有术，守好最后的底线⋯⋯⋯⋯⋯⋯⋯⋯⋯⋯⋯108

人各有异，学会在交往中换位思考⋯⋯⋯⋯⋯⋯⋯⋯112

第六篇　君子之道，人生离不开分寸

人无完人，相信自己是最独特的⋯⋯⋯⋯⋯⋯⋯⋯⋯118

交友有方，朋友在精不在多⋯⋯⋯⋯⋯⋯⋯⋯⋯⋯⋯122

顾全面子，事事预留点分寸⋯⋯⋯⋯⋯⋯⋯⋯⋯⋯⋯126

及时止损，千万不要舍本逐末⋯⋯⋯⋯⋯⋯⋯⋯⋯⋯130

慎独慎微，做最真实的自己⋯⋯⋯⋯⋯⋯⋯⋯⋯⋯⋯134

第一篇

低调理智，做人要讲分寸

　　儒家推崇温、良、恭、俭、让的品德。这里的"温"，指的是待人要温和厚道，得体有分寸。做人要不卑不亢，像水一样既有力量又温和，而不是去谄媚、奉承他人。外柔内刚，外圆内方，才是正确的为人之道。

锋芒内敛，低调之中见高明

做人要低调隐藏锋芒，不要锋芒毕露。低调是一种智慧，也是一种修养，更是一种人生的境界。只有低调的人，才能在生活中不张扬，不炫耀，从而在人生的道路上走得更远。

相比对于贫困的担忧，人们对分配的不平等更加敏感。所以，当卓越的人才出现打乱了原有的平衡时，常常会引发别人的不安，别人就会孤立和排斥他。

低调并非无能或懦弱，而是一种智慧和内敛，低调的人往往更有力量。它意味着在适当的时候隐藏自己的实力，避免锋芒毕露，从而更好地应对复杂的人际关系和环境。

适当保持谦虚和低调

社会竞争激烈，每个人都希望自己能出类拔萃。但高调的行为和强势的态度，往往会招致他人的嫉妒和排挤，适当地保持低调和谦虚，更能赢得他人的尊重和信任。

真正的价值不在于外在的锋芒

为了在激烈的竞争中脱颖而出，很多人都想抓住一切机会展示自己的价

值。但实际上，就像人们常说的，包子有肉不在褶上，真正的价值和能力也不体现在外在的锋芒中。

隐藏自己才是明智之举

很多人为了获得别人的尊重和认可，总是想尽办法展现自己，力图证明自己比别人强。但是这样做往往会适得其反，引起别人的反感。正所谓"木秀于林，风必摧之"，过度高调，只会变成被攻击的靶子。因此，适时低调，隐藏自己，才是明智之举。

智者和强者常隐藏锋芒

真正的智者和强者，深谙藏锋守拙之道。相比之下，那些不懂得藏锋守拙的人，往往因为过于张扬自己的才华和成绩，而招致他人的嫉妒和打压，最终落得悲惨的下场。

保持低姿态

拥有卓越的能力是一种优势，但这只是赢在了起跑线上，至于人生的后半程该怎么走，则全靠自己。聪明的人通常都会保持低姿态，避免锋芒毕露。他们就像成熟的稻穗一样，绝对不会昂首挺胸，而是时刻低着头。

平和的力量，理直气不壮的智慧

在与人交往的过程中，我们应该保持谦虚、低调的态度，不要因为自己有理而盛气凌人。以平和之态述事实之理，反而更能深入人心，彰显真正的自信与智慧。

在沟通中，我们不仅要言之有理，还要注意说话的语气和方式。得体的语气能够让我们的观点更容易被人接受，从而增强说服力。同时，也能展现出我们的修养和素质，赢得他人的尊重和信任。

在表达自己的观点时，不必大声喧哗、气势汹汹，而是应该平和有力。

真正的说服力不在于声音的高低

冷静的沟通是一种卓越的技巧，它不仅要求我们在言语上表达清晰，更要求我们在心态上保持平和。即使知道自己说错话了，我们也不能失去冷静，因为只有在平和的心态下，我们才能做出正确的判断和决策。

控制情绪

脾气暴躁或情绪波动不仅会影响个人的心理健康，还会对周围的人产生

负面影响。情绪失控往往会导致冲突和误解，而温和的态度则能让我们更好地与人沟通。控制情绪不仅是一种修养，更是一种智慧。只有理性地面对问题，才能更好地解决问题，实现共赢。

沟通不是为了打压

冷静分析事实是成功的关键。但在实际沟通中，情绪激动时人们往往会不自觉地提高嗓门儿，试图用"声音"压倒对方。虽然提高声调有助于表达立场，但我们沟通的最终目的不是打压对方，而是清晰地表达自己的观点。

态度平和，语速合适

从听者的角度看，尖锐的嗓音容易让人产生反感。因此，说话时应保持平和的态度和合适的语速。一旦失去分寸，就会给人留下粗鲁、盛气凌人的印象。因为有礼有节的态度更能让人信服，逻辑缜密的表达比大呼小叫更有说服力。

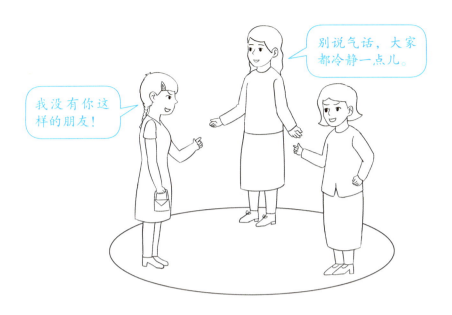

用理说服

沟通的过程中，过度吼叫只会让我们的情绪更加激动，并不会让沟通更有效。有理不在声高，不必以大嗓门儿压人。在争吵中，冷静地阐述立场和道理更能说服对方。情绪激动时，更要以礼相争，讲道理，让对方理解自己的难处。

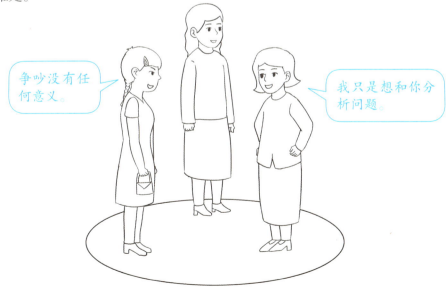

真诚的回报：以诚待人得人心

诚信是为人之本、立业之基。用真诚的心去对待他人，才能收获信任与友谊。用诚信的态度去工作和生活，才能赢得别人的尊重和成功。诚信不仅是一种品质，更是一种力量，它能让我们在人生的道路上走得更远、更稳。

以诚待人，需要真心实意、言行一致。在与他人交往时，要尊重、关心他人，不轻易许诺，但一旦许诺，务必信守。坦诚面对问题，不歪曲事实，勇于认错。在工作中，坚守诚信，遵守规范，保持责任心。在生活中，真诚待人，方能赢得他人的信任与尊重。

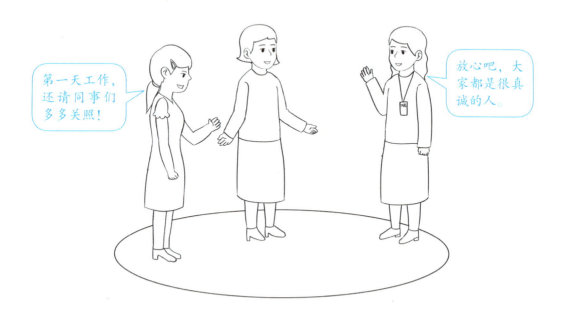

真实是人生的基石，它使我们迈向更高的台阶。只有真实地面对自己和他人，我们才能获得真正的成长和进步。

保持真诚

在古代，"诚"被视为做人的基本准则和君子的必备品质。它不仅是诚实，更是专注和精诚。每个人都有真诚的一面，也都渴望真诚。保持至纯的真诚，能让我们的人生既充实又快乐。

真诚要讲究情景和对象

真诚待人是人际交往的基本原则，但是有一个前提条件——需要根据不

同的情境和对象，适度地表达真诚。同时要注意言行举止，避免给他人带来困扰或误解。

真诚要讲究对象和分寸

真诚是宝贵的品质，但要讲究对象和分寸。毕竟人心复杂，过度真诚可能会被人利用。与人初识，要慎之又慎，避免泄露过多的个人信息。因为不懂你的人不会喜欢你，而内心阴暗的人可能会设局骗你、害你。因此，讲究对象和分寸，才能更好地保护自己。

付出真诚需谨慎

真诚是宝贵的，付出时需谨慎。过早或滥用于不值得的人身上，都会让我们受伤。所以，我们要有防人之心，学会自我保护。真挚的感情需要时间考验，了解一个人也需要时间，不要急于付出。此外，真诚还要用在值得的人身上，而且要因人而异。

真心和痴心

要想打动人心，需要至诚之心。正如《聊斋志异·阿宝》所言，真心、痴心是我们在世的最大本钱。当我们真心对待自己的亲人和朋友时，我们能够获得他们的信任和支持；当我们痴心专注于自己的兴趣和爱好时，往往能在事业上取得更大的突破和成就。

尽责不越界，不多管他人之事

> 做好分内之事是实现个人价值和事业发展的基础。只有专注于自己的事情，才能够不断提升自己的能力和素质，从而获得更好的机会和更广阔的发展空间。

在人生的旅途中，我们应明确自己的目标和使命，坚定地追求梦想。同时，避免过度关注他人，因为过度的帮助和关心可能会让他人感到压抑。放下助人情结，让自己的步伐更加轻松自如。

明晰自我能力和工作范围，不管他人闲事，是成长的必修课。

不多管闲事

生活中有太多烦琐的事情，如果事事关心，不仅会让自己疲惫不堪，还

可能卷入不必要的纷争。专注于自己的事情，把时间和精力投入到有意义的
事情上，才能更好地实现自己的目标和梦想。

不要自以为是

每个人的生活方式和价值观不同，这是我们这个世界的魅力所在。

尊重他人的生活方式和选择，不轻易干涉或评价，是一种基本的尊重和礼貌。

尊重隐私

尊重隐私是维系人际关系的重要因素，不管关系多么亲近，都不应插手别人的私事。因为插手别人的私事，很容易伤到对方的自尊，引起对方的责备和怨恨，最后导致关系破裂。看破不说破，这不仅是对他人的尊重，也是对自己的保护。

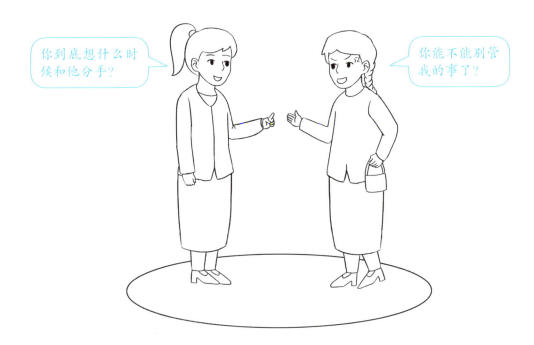

做好自己

面对他人的要求，若力所不及，应勇敢拒绝。不要去打肿脸充胖子，费力不讨好。聪明的人会衡量并谨慎插手别人的事情，以免招致闲话和困扰。少管他人之事，远离是非和麻烦，便能轻松愉快地过自己的生活。利用时间提升自己，做好自己，才是最重要的。

如果想要提升自己的价值，可以从以下几个方面入手：首先，要不断修炼自身，加强专业知识的积累，涉猎广泛的兴趣爱好；其次，要多向别人学习，发掘别人身上的闪光点，不断让自己变得更加优秀；再次，还要目光长远，不要把眼前的得失看得过重，要不断地投资自己，让别人认识到我们的优势，得到更多的机会。

不因讨好而失去分寸，坚守原则很重要

当我们努力去迎合别人的期望和喜好时，往往会牺牲自己的感受和需求。这种过度关注他人的行为会导致我们逐渐忽略自己的内心感受，忘记自己的喜好、兴趣和价值观。久而久之，我们可能会变得不快乐、失落和空虚。

讨好行为往往源于内心的自卑感，因为个体觉得需要得到他人的认可和喜爱才能填补内心的空虚和不安全感。这种低自尊的状态可能导致个体过分关注他人的需求和感受，而忽视自己内心的需求。

盲目讨好他人，忽视内心真实的声音，只会让我们陷入自卑的旋涡。我们应该警惕这种自我迷失的风险，勇敢地坚守自己的内心感受。

交好与讨好

当我们对别人好时，我们的内心是坦然和快乐的，因为我们知道自己在做正确的事情。而讨好则不同，它通常是为了获得某种回报或者避免某种不愉快的后果而表现出来的一种行为。

为自己留后路

人的精力有限，我们不能掌控他人的命运，也不能保证他人能够获得幸

福。尽力而为给所爱之人温暖足矣，为他人倾尽所有是愚蠢之举，因为人心复杂且善变，别为一人付出所有，失去自我。要量力而行，保护好自己，为自己留后路，才是明智之举。

适可而止

在人际关系中，要懂得量力而行、适可而止，不要过度投入。因为人际关系微妙复杂，过度付出真心不仅不一定能得到回报，还有可能受伤。因此，要把自我放在中心位置，只在自己的能力范围内对他人好，不要过度追求当"好人"。

学会爱自己

人活于世，压力重重，有时候即使内心脆弱也不敢表现出来，只能强迫自己坚强，所以我们要学会爱自己。在为别人付出之前必须坚持自己的原则与准则，同时以友善和宽容的态度示人，才能得到他人的认可和敬重，同时也能避免受到无谓的困扰或伤害。

如果不考虑自己的实力，别人提出什么要求都答应下来，费时费力不说，还得不到好的结果，最终只会吃力不讨好。与其在这些事情上浪费时间，不如更好地爱自己。

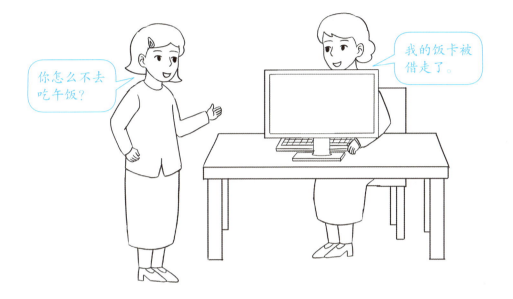

冲动是错误的开始，保持冷静至关重要

愤怒是一种强烈的情绪反应，如果不妥善处理，不仅会伤害自己，还会影响周围的人。因此，我们不能简单地抑制或忽视愤怒，而应该认真思考其背后的原因。

在人生的道路上，如果一个人具备了情绪调控的能力，始终保持内心的平静，那么他就有可能将面临的困难转化为推动力，将危机转变为转机。反之，他可能会在面对困难时失去方向。

每个人都有自己的情绪和脾气，这是自然的。但是我们不能让这些情绪和脾气影响自己的行为。

愤怒的根源

要探寻愤怒的真正根源，我们需要深入探索自己的内心世界。只有通过审视自己的思想、情感和行为，我们才能真正理解引起愤怒的因素，以及愤怒背后所隐藏的深层需求和期望。

换位思考

人际关系如同纸张，撕破便无法恢复如初。而怒火一旦失控，便会伤人伤己。所以，我们在遇到争执时，可以通过换位思考和坦诚沟通来解决问题。宽以待人，路也会更加宽广。

第二篇

宽容大度，处世要有分寸

在与人交往的过程中，一些极其细微的小事反而最能彰显一个人的品性，正因如此，我们要学会不断提升自己的处世分寸，以一颗善良之心去对待他人，凡事做到宽容大度、坦诚无私，同时坚守好为人处世的底线，如此我们才能收获最正向积极的人际关系。

小善积德，珍惜每个行善的机会

古人曾经说过，小恶会酝酿成大恶，小善会积累成大善。所以，即便是微不足道的善事，我们也应该去做；即便是影响很小的恶事，也绝不能做。

生活中一个小小的善意举动，可能会带给别人一份温暖和感动。多做善事，不仅造福他人，也会让我们感到满足和愉悦。

善良是中华民族的传统美德，是维护社会安定的重要因素。保持善良的品德，要从身边的小善做起。

善行也要积累

万事都需积累，古语有言："不积跬步，无以至千里；不积小流，无以成江海。"成就源于那些微小的努力，积少才能成多。善行也是如此，我们应当凭本心去帮助他人，不用在意事情的大小。

善待别人

友善是建立在相互尊重和理解的基础上的。当我们善待别人时，我们也会得到别人的善待。因此，我们应该多关心别人的需求和感受，换位思考，不能只关注自己的利益和需求。

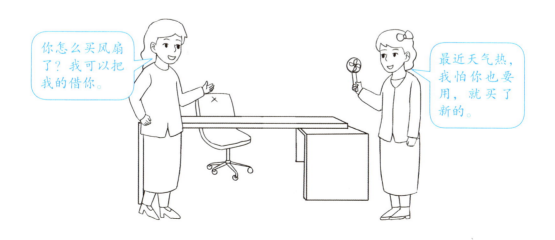

帮助他人也是在关照自己

给予他人善意，就是给予自己善意。当给予他人善意变成一种社会共识，行善积德成为一种习惯，整个社会就能得到善意的良性循环，人们在行善时不吝啬爱心，在接受来自他人的善意时懂得感恩。这样的话，给出善意的人，也会得到这份善意的回馈。

善心是最好的投资

予人玫瑰，手有余香。在做好事时，不要因为暂时没有看见行善的结果，而认为行善没有意义。古人曾教育后辈：日行一善，积善成德。也就是说，在帮助他人时，我们也成就了自己的德行。接受帮助的人，他们会去帮助更多的人，这就是善心的回报。

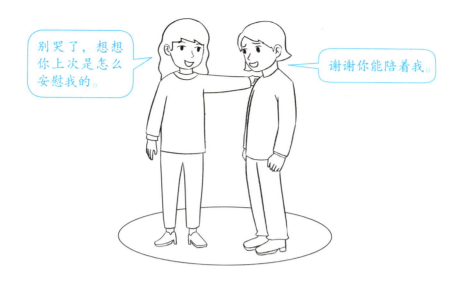

积小善为大德

我们应该坚决抵制一切恶劣行为，不去纵容或无视它们，因为千里之堤溃于蚁穴，放纵小恶，就是在制造大恶。同时，我们要珍惜每一个行善的机会，不论大小，因为积小善为大德，再微小的善举积少成多，也能带来深远的影响。所以，我们要多行善举。

与人为善，真正的善念不求回报

> 与人为善是一种睿智，一种力量，它可以感化别人，让别人心悦诚服。生活中的事情犹如山谷余音，你所给予的也将反过来回报于你，你种下的种子也一定能结出果实。

有些人以善良之名揭人伤疤，看似是在行善，实则在伤害他人。真正的善良是内心平静、无私助人，他们帮助对方，从不图对方回报。

施恩图报者让善良变了味儿，很容易遭他人反感，助人不求回报者，才能得到真正的尊重与喜爱。

善良的人

真正善良的人会真心实意地为他人着想，他们享受帮助他人的过程。他们并不张扬夸耀自己，却能给人带来深刻的感动。他们不仅让自己的人生变得有意义，也给他人带来了希望和力量。

单纯行善

现代社会，互相帮助是常态。放下功利心，单纯行善，才能让我们轻松自在。简单的一次帮助，可能会改变他人命运，也可能会在将来改变自己的命运。善意的回馈，总是在不经意间出现。

与人为善

人与人之间的善意存在连锁反应：当一个人付出善心，对方因此产生感恩之心，就会把善心传递给更多的人。人们向良善之人学习，把善良的火炬传递给下一个人，才能逐渐让所有人都感受到温暖。有大智慧的人往往与人为善，因为他们清楚善意对于他人的重要性。

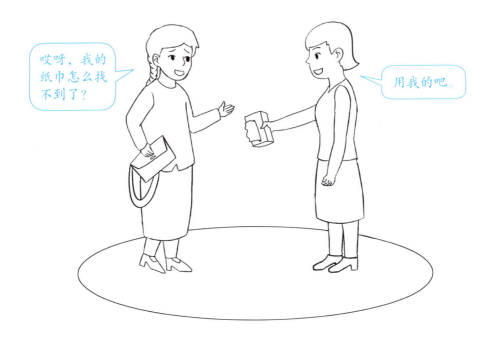

做人要善良

做人应善良，有原则，讲分寸。虽然善良很容易就能做到，但给我们带来的内心平静与充实，却是其他事情很难达到的。做好事、说好话，不仅帮助了别人，也为自己带来了安宁与美好。所以，让善良在我们心中生根，人生才会美好。

给他人鼓励和温暖

　　优秀的人对待他人会更有耐心。在发现有人因为失误而自责时，不要急着去责备他们，而是要及时给予鼓励，让他们重拾信心；或是给予帮助，让他们意识到错在何处。在他人感到自卑时，要鼓励他们看看自己的长处。在他人得到鼓舞时，我们自身也会受到激励。

胸怀宽广，小事糊涂大事清醒

> 在日常生活中，我们要保持宽容、包容的态度，不为小事烦恼；而在面对重要的事情时，要保持清醒的头脑，勇敢地面对并解决问题。这样我们才能更好地处理生活中的种种挑战，成为心怀宽广、胸襟开阔的人。

宽容是一种气度，它表现为不斤斤计较，不拘泥于小事，不执着于他人的错误，能够容忍和接纳不同的意见和观点。宽容的人不仅能够更好地处理人际关系，还能够更好地应对生活中的各种挑战和变化。

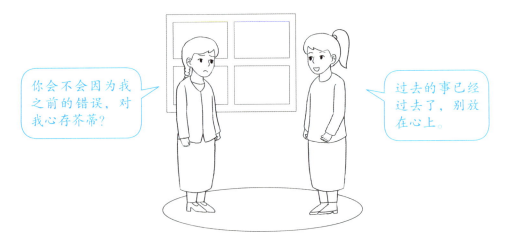

你会不会因为我之前的错误，对我心存芥蒂？

过去的事已经过去了，别放在心上。

宽容是崇高的品质，它能够消除争端，营造和谐的氛围。宽容的人，内心充满阳光般的温暖，用善意与体谅照亮他人。

美好人生需放下计较

过分计较得失，只会让自己陷入无尽的烦恼和矛盾中。相反，宽容和豁达的心态，能够让我们更好地处理人际关系，更好地面对生活中的挑战。

容人之心助力和谐交际

在人与人的相处中，矛盾和纠葛是难以避免的。这些矛盾就像航船遭遇风浪一样，考验着我们的智慧和勇气。面对纠葛，我们应该勇敢地面对，通过沟通和理解来化解矛盾。只有这样，我们才能建立更加和谐的人际关系。

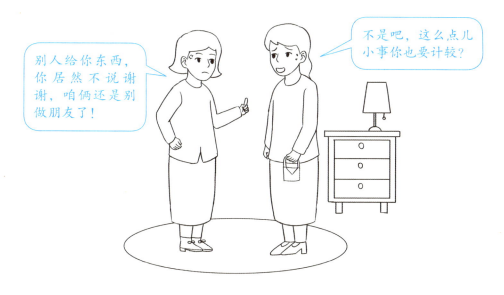

"糊涂"并非真傻

"糊涂"并非真傻，而是对事物深刻领悟后的包容与淡然。他们不拘泥于小事，不计较得失，而是以一种宽广的胸怀去面对世界。与那些看似聪明的人不同，"糊涂"的人不会因急功近利而失去人心，更不会为了自己的利益而伤害他人，因此深受身边人的喜爱。

琐碎之事不挂心，大事决策不含糊

小事糊涂处置，是一种智慧和态度。在日常生活中，我们难免会遇到各种各样的小事，如果事事都斤斤计较，不仅会让自己疲惫不堪，也会让周围的人感到不愉快。因此，对于一些无关紧要的小事，我们可以选择糊涂处置，不计较、不纠结。

用理解消除误会，用宽容温暖彼此

　　用理解和宽容的态度来对待我们身边的人，是一种睿智和成熟的表现。理解能够拉近彼此间的距离，消除隔阂；宽容则能让我们更加包容，化解矛盾。当我们用这样的态度去对待他人时，我们的人生会变得更加美好和充实。

做好自己，别拿情分要求他人

在寻求他人帮助之前，我们应该先审视自己的能力和努力程度。没有人有义务无条件地帮助我们，要想获得别人的支持，我们必须先学会自立自强。

保持分寸感是维持平等关系的基础，不给他人制造麻烦是基本礼节。若一个人过度依赖他人、从不感恩和体谅他人，是很难与他人建立长久关系的。

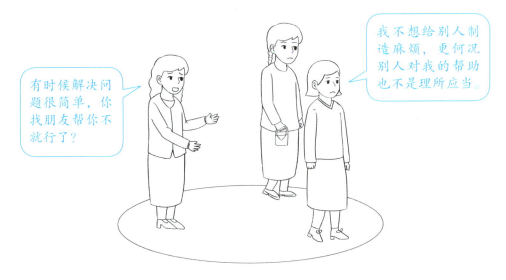

世上没有只享受好处不承担责任的事，不要将他人的关爱视为理所当然，否则只会招致他人的厌烦。

不麻烦他人的勇气与担当

在生活中，我们总会遇到各种困难和挑战，而寻求他人的帮助是一种解决方法。然而，过度依赖他人可能会给别人带来麻烦和负担。因此，学会独立面对问题，不给他人制造麻烦，也是一种成熟和负责任的表现。

不依赖，才是真正的强大

我们要学会处理好自己的事情，不能总想着依赖别人。要学会独立思考和行动，这样才能够真正地成长和强大。不要强求别人按照你的意愿去做事，更不要去干涉别人的生活。过好自己的生活，做好自己的事情，这才是最重要的。

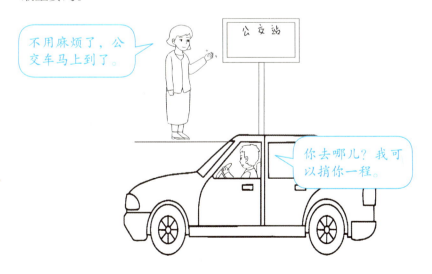

诚实待己，不要随便糊弄自己

有些人总想走捷径，不愿付出艰辛的努力。他们渴望成功，却不愿付出。但如果不全力以赴，又怎么会有所成就呢？

如果我们用糊弄了事的态度去对待生活和学习，那么我们就会错过很多机会，让自己的人生变得单调乏味。相反，如果我们认真地对待生活和学习，积极面对挑战和困难，那么我们的人生将会更加充实和有意义。

种什么因结什么果，糊弄工作只会自食其果，认真做事才能让自己变得更强，收获更多成长。

困难是成长的催化剂

工作是训练自己的重要机会，投入才能获得更多。每一次表现，都是证

明自己的机会，不认真对待就是浪费。困难是成长的催化剂，克服它有助于
我们成长。

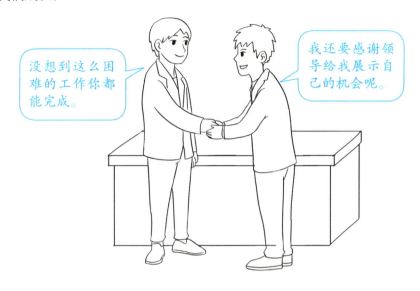

认真对待工作和任务

一分耕耘一分收获。糊弄工作或学习，实际上是在自毁前途。因为认
真应对挑战才能激发我们的潜力，促进我们成长。认真对待自己的工作和学
习，不投机取巧，才是通往成功的道路。

得理饶人，以宽容之心对待纷争

得饶人处且饶人，这是一种宽容和智慧的人生态度。面对他人的过失，我们应该学会宽容和谅解，不计较、不报复。这不仅有助于化解矛盾，也是自我保护的智慧。

得理饶人的人是聪明且成熟的，因为他们明白，得饶人处且饶人。这样的人在处理冲突和问题时，总是能够冷静分析，理性对待。他们不会因为一时的情绪激动而做出过激的行为，也不会对别人步步紧逼，不留余地。这样的人更容易得到别人的尊重和信任。

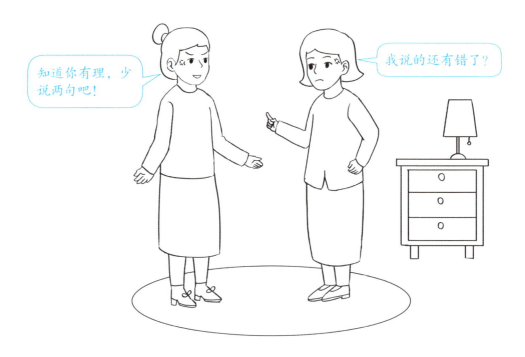

发脾气往往会导致事情恶化，这不是因为能力或沟通有问题，而是坏情绪会产生连锁反应。

尊重差异，拥抱宽容

人与人之间存在差异，这是必然的。我们应该尊重他人的不同，理解他人的选择，用宽容的心态去包容他们，从而去面对生活中的挑战和困难。只有这样，我们才能拥有更美好的未来。

争论一起，便无赢家

在绝大多数人眼中，争论必定会有赢输，而每个身陷争论的人都想让自己成为最后的赢家。但事实并非如此，原因很简单，因为争论一旦开始，无论你是正确的一方还是错误的一方，最终都会因为冲动的"争论过程"让自己沦为没风度修养的人，所以争论一起，便无赢家。

学会宽容，为自己留余地

在人际交往中，我们总会遇到各种各样的人和事，如果总是斤斤计较、

咄咄逼人，不仅会让自己疲惫不堪，也会让周围的人感到压力和厌烦。而如果我们能够以宽容的心态去包容他人，那么我们的人际关系会更加和谐。

有理让三分：化解矛盾的智慧之道

在人际交往中，展现智慧的方式是有理让三分。在竞争和冲突的情境中，过于咄咄逼人并不是明智之举，谦虚和忍让却能创造更多机会。得理不饶人往往会加深矛盾，而退让三分则能轻松化解冲突和矛盾。

以退为进也是一种智慧

《菜根谭》说："处世让一步为高，退步即进步的张本；待人宽一分是福，利人实利己的根基。"后退并不等于胆小怕事或示弱屈服，而是一种坚强和毅力的表现，这就是所谓的"退一步海阔天空"的精髓所在。

也许有人会说，想要成功就要一往无前，但实际上，一味地猛冲并不是明智之举。学会以退为进，等于为自己日后的"进一步"打下基础。对于有宽厚胸怀的人来说，他们的"退"是经过深思熟虑、有意为之的，以便让自己掌控局面。被逼迫或出于无奈而采取的"退"并不等同于宽容。

第三篇

进退有度，做事要守分寸

处事灵活、大度而不失原则的人，往往要比那些凡事不懂变通、一味看重名利的人更受欢迎，也更容易获得大众的认可。所以，要想让自己的处世风格备受肯定，就需要掌握一定的分寸，懂得在进退中把握解决事情的最佳方法。

灵活应变胜于死守计划，行动中寻觅智慧

从古至今，许多决策者看似料事如神，其实他们总是预先制订计划，然后深入分析，最后付诸行动，从而能够精准地预见事情的发展，在竞争中取得优势。

尽管事情的发展可能会超出我们的预期，但与其在行动前过分纠结细节，不如先制订一个大致的计划，然后在实践中逐步思考和调整。

明天就要见客户了，你帮我分析分析我的计划如何。

别纠结细节了，我建议你将思考和行动结合。

为了更好地应对环境的变化，需要将思考与行动相结合，通过实践不断积累经验，提高自己的能力。

思想与行动相结合

研究显示，很多人之所以能够成功，不仅在于他们敢于想象，而且懂得

在行动中思考。成功并不是由天赋决定的，而在于敢想、敢做。因此，我们需要将思考与行动相结合，敢于想象并付诸实践。

在行动中思考

虽然许多人勇于行动，却忽视了思考的重要性。他们只是一味地埋头苦干，缺乏对行动的深入思考，无知的冒进只会使事情变得更加糟糕。因此，在行动的过程中，思考会让成功来得更快。

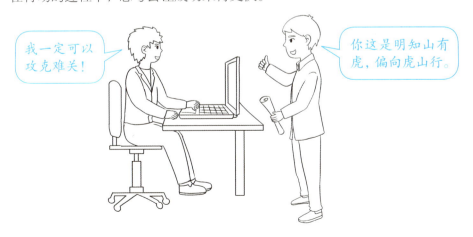

淡泊名利，在名利中保持自我

在人生的旅程中，追求名利是常态。然而，我们需要保持清醒的头脑，明确自己的价值观，使其成为实现目标的助力，而不是束缚的枷锁。

真正的智者深知，高尚的品德远胜于对名利的追求。他们超越了世俗观念，摒弃了无尽的贪欲，有一颗不为名利所累的心，并保持适度的理智。

因此，我们应该坚守自己的原则和底线，不被名利奴役，看清名利的本质并合理运用。

不做名利的奴隶

尽管许多人口头上说"视名利如粪土"，但人们总是经不住诱惑。如果将追逐名利作为人生的唯一目标，就会沦为名利的奴隶。因此，我们应该保持理智，不要让名利占据生活的全部。

淡泊明志

淡泊明志、宁静致远是一种重要的生活态度。在追求人生目标的过程中，我们要时刻保持冷静和理智，不被名利所迷惑，这样才能获得成功。

保持分寸，脚踏实地

在追逐名利的过程中，有些人会迷失自己，舍弃诚信和道义。这些人觉得自己能够掌控命运，但自身早已被名利和欲望左右。真正的智者会在心中衡量自己的行为，他们懂得保持分寸，脚踏实地地做人，坚守自己的原则，永远不会成为名利的奴隶。

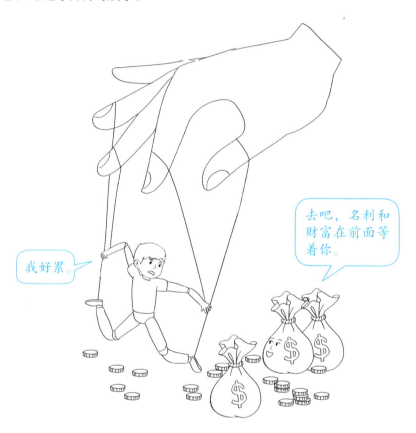

行事有分寸，心中有节制

无论是在什么场合，我们无休止地索取只会带来无尽的烦恼，甚至可能让我们陷入深渊，忘记做人的原则，最终导致身败名裂。

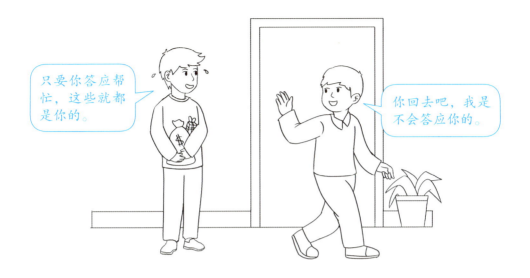

做个淡泊的人

生活中，无论胜败如何，我们都要保持冷静和理智，只有拥有一颗淡泊的心，才能始终保持内心的平静和坦然，不受物质的诱惑，真正保持自我本真。抛开名利的枷锁，专注于自我成长和内在提升，才能使我们的内心世界得到真正的满足和幸福。

别太较真儿，凡事学会留有余地

> 处处争先的人虽然看似掌控了局面，实际上很容易暴露自己的意图和行动。如果不那么急于求成，反而可能会化被动为主动，以退为进。

人生在世，我们应全面认识事物发展的可能性，要具备足够的判断力和灵活性，适可而止、知足常乐，才能在生活中进退自如。

吃这么多，你的胃能受得了吗？

你要不要也来吃点儿？

学会张弛有度，行事有弹性，意味着我们要有大格局。只有这样，我们才能从容地应对各种挑战。

弹性行事

保持做事的弹性，为人谦逊低调。这需要我们审时度势，掌握进退的分寸。真正有远见的人不会纠结于短暂的得失，时而勇往直前，时而暂时退让，这样做才能提升自己的境界。

保持清醒的头脑

知足的人懂得享受当下，而有人认为知足常乐就是安于现状。他们试图征服一切，但也有可能错失全身而退的机会。因此，我们应该保持清醒的头脑，明确自己的方向，坚定地前行。

做事留余地

在中国的传统文化中，留有余地是一种被崇尚的人生哲学。给别人留一条生路，实际上也是为自己留一条路。在与人交往时，我们需要把握好尺度，不要把事情做绝，要留给对方喘息的余地。

宽容地对待他人

在人际交往中，给别人留一条生路，就如同为自己铺设了一条路。人与

人之间的交往是相互的，你如何对待别人，别人也会以同样的方式对待你。因此，宽容地对待他人，可以减少前进路上的阻碍，增加获得幸运的机会。

冤家宜解不宜结

生活中，每个人每天都要和各色各样的人打交道，在这个过程中，我们一定要牢记"冤家宜解不宜结"的智慧，处世有分寸，做事有余地，如此才能维护好自己的人际关系，既能利人也能利己，还能在不断变化的现实中进退自如，避免让自己陷入绝境。

以和为贵，做人做事大度一些

《论语》中曾说："礼之用，和为贵。"如果只顾自己的利益，最终会陷入孤立无援的境地。在生活中，谦逊和宽容是立身处世的关键原则。

凡事以和为贵，和气相处是带来好运的关键。拥有宽广胸襟的人会更加容易获得友谊。如果想要取得更大的成就，就必须具备大度量，与人和谐相处。

以后请多多关照。

合作愉快。

纵观古今，那些有所成就的人，无不秉持着"以和为贵"的处世原则，用自己宽大的气量容人处世，而这就是他们走向成功的秘诀之一。

以和为贵

每个人都有不足，也会犯错，所以我们不要轻易与人发生冲突。在人际关系中，以和为贵的原则是重要的润滑剂，这样不仅可以积累人脉资源，更能在追求成功的过程中收获人生的喜悦。

机遇与心态紧密相关

每个人的经历和机遇都不相同，机遇好的人能够施展自己的抱负并取得事业上的成功，而好的机遇又与个人的心态紧密相关。如果你自己心浮气躁，自然没有人愿意与你合作。

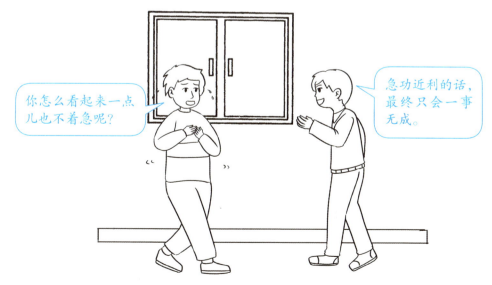

保持超然的心态

一个具备良好心态的人，在面对各种挑战时更容易获得胜利。在生活中，成功与失败是常态，只有坦然面对一切，才能保持超然的心态，才能更好地把握机遇。因此，我们应该学会以平静的心态对待生活中的起伏，这是做事的智慧，也是做人的学问。

保持宽容的心态

实际上，愤怒是阻碍我们取得成功的最大障碍。因为生气时，情绪会左右我们的思维，改变初衷，最终导致一事无成。因此，我们需要果断地抛开那些只会让我们生气而无益的事情。如果我们能够宽容地对待他人，就一定可以取得更大的成就。

宽容是一种智慧

宽容不仅能赢得朋友的真诚，还能避免被一时的情绪左右，帮助你做出明智的决策。在日常生活中，人们经常为小事生气，明知不该这样做，却难以控制自己的情绪。这时，就需要多看看他人的优点。同时，我们还要学会合理发泄自己的情绪，不要总是把怨气憋在心里。

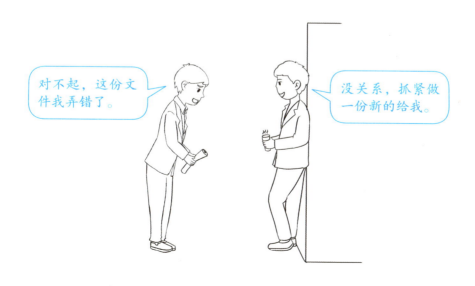

适时示弱，偶尔低头成大事

在人的一生中，无论是面对强大的对手还是阴险的小人，我们都需要懂得适时示弱和退让。切忌盲目冲动，眼前的小亏并不算什么，要学会示弱。

在现实中，示弱并不意味着认输或逆来顺受，处于弱势时不应逞强，而是要隐藏锋芒。在必要时，主动示弱可以理解为保存实力或蓄势待发。

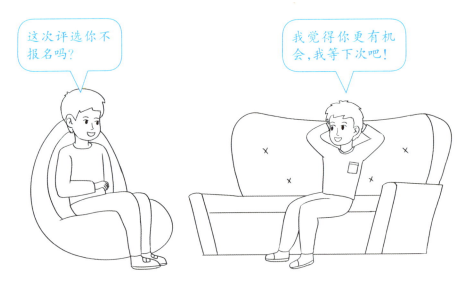

这次评选你不报名吗？

我觉得你更有机会，我等下次吧！

适时的退让和示弱并非屈服，而是为了避免直接冲突，保护自己不受伤害。

学会适时示弱

学会适时示弱，往往能够获得更多人的理解与帮助，进而扩展你的生存空间，增加成功的机率。恰当的示弱实际上是一种充满智慧的权宜之计，可以获得他人的好感和信任。

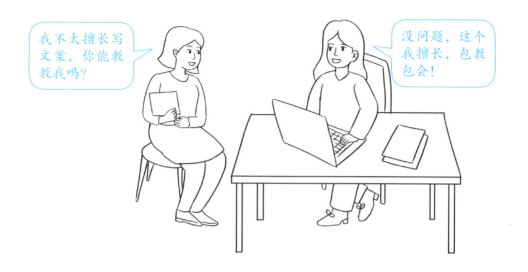

恰当示弱是明智之举

在与那些生存境遇不如自己的人交往时，适当示弱有助于让对方保持心理平衡，进而有利于建立和谐的关系。当然，为了使示弱发挥到预期的效果，我们需要注意使用的方式和技巧。

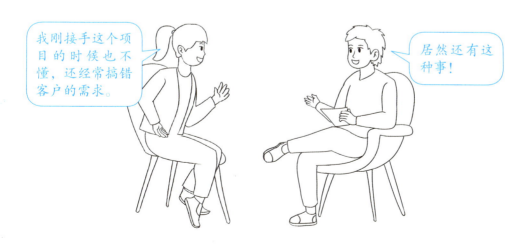

保持恰当的分寸

在工作中，由于不同的人有不同的看法和理解，因此产生不同的意见是很常见的。当意见不统一时，我们需要通过沟通来解决问题。然而，如果语气使用不当，就可能会产生完全不同的结果。所以，注意保持恰当的语气和分寸，可以更好地传达信息和解决问题。

避免抬杠

事实上，许多争执的起因都是微不足道的小事，而抬杠往往是因为在争论中失去了理智，情绪不断升级。在争执之后，人们往往会忘记事情的起因，只记得那个喜欢抬杠的人。所以，我们应该学会控制自己的情绪，避免过度抬杠和争论。

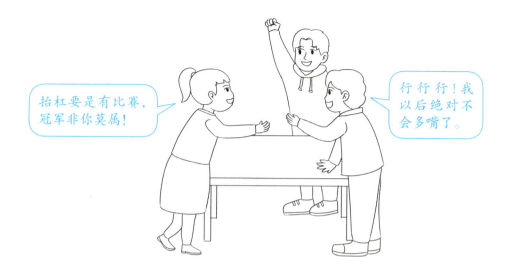

微笑着赞同他人

当面对一些难以判断对错的事情时，如果他人只是为了发泄情绪而与你产生争执，你可以选择微笑着赞同他的观点。小不忍则乱大谋，这样做会使你在旁人眼中显得更有分寸和风度。不要因为一时的愤怒而失去理智，让自己变得和对方一样情绪化。

轻装上阵，不要背负太多包袱

　　在人生道路上，正因为背负着地位、权力、金钱、友情等太多的包袱，我们前进的阻力越来越大，有时甚至会背负痛苦。因此，我们需要释放内心的负累，以正确的态度对待欲望。

　　其实快乐非常简单，过多的欲望只能带来短暂的满足，长远看来对我们并不利。我们应满足于所拥有的东西，一旦追求过多，就会陷入贪欲的旋涡。

没想到偶尔出来放松一下，还挺惬意的。

这大概就是生活的意义。

　　欲望就像失控的汽车，一旦到达某个临界点，不及时刹车，不仅会害了自己，也会害了别人。

钱永远赚不完

　　财富的多少并无绝对标准，无节制的欲望会带来永无止境的不满足：饱腹思珍馐，有房思厦，得职思升，千钱思万金……人生在不断追求"拥有"中苦闷度过，包袱沉重，步履维艰。

放下多余的包袱

拥"有"，是指有限；空"无"，是指无限。如果我们能以"有用"的视角去面对真理，快乐就会源源不断地到来。放下多余的包袱，我们才能轻松前行，享受更美好的人生旅程。

树立合理目标

　　能力和精力都是有限的，能获得什么东西，取决于我们的能力；能获得多少，则依赖于我们的努力程度。如果我们过于贪心，想要同时达成多个目标，那么我们很可能会陷入身心疲惫的境地。因此，我们需要学会如何把握分寸，目标不用太多，要专注行动。

树立明确目标

　　我们不能同时追逐多个目标，否则只会陷入迷茫。人们常说做事要重视过程，但前提是我们要全身心地投入。否则，那就不叫过程，而只是路过。那些路过的人，只会关注路边的风景和他人的成果，却无法真正收获自己的成果。

专注一个目标

　　人生的道路充满诱惑，常常面临多个选择，每个方向都似乎有我们想要的东西。但要明白，只有下定决心选择一个方向，我们才能用最短的时间取得成功。一个人不能同时追逐多个目标，因为专一的人比左顾右盼的人有更多时间、更多机遇去获得成功。

第四篇

谨言慎行，言行要有分寸

　　"谨言慎行"是一句古老而智慧的格言，强调在行为上要慎重、谨慎，在言行上要有分寸。这不仅是对自己修养的要求，也是对他人尊重和社交礼仪的体现。因此，掌握说话的分寸和交际的尺度，才能在说话或处理事务时得心应手、游刃有余。

言不在多，有时啰唆反会出错

> 言不在多，达意则灵。冗词赘语令人生厌，简洁明了才会受欢迎。古往今来，不少演说家和语言大师都认为，意简言赅是我们说话的基本要求。

多言多败，言多必失。聪明人从不轻言，因为他们知道概括扼要和出口成章都是一种"水平"，但前者更为难得。

蛤蟆的持久鸣叫无人注意，公鸡的短暂啼叫却能叫醒众人。所以，话不在多，关键在精。

长篇大论易引起反感

马克·吐温讲述了一个关于传教士长篇大论的故事，因为传教士讲的时间太久，原本准备捐50元的马克·吐温最后还拿走了对方2元。由此看来，长篇大论容易引起听众反感，言简意赅的说话方式才更受欢迎。

说话需要技巧和智慧

说话是一门艺术，需要技巧和智慧。说得好，能带来欢乐和成功；说得不好，可能招致不满甚至怨恨。因此，我们需要重视说话的重要性，学会并掌握这个强大的武器。

注意表达方式

语言是社会交往的工具，而说话是人们最直接的表达方式，其重要性不言而喻。因此，我们要注意自己的表达方式，使之成为有效的沟通工具，避免引起误解和冲突。同时，我们也要尊重他人的观点和表达方式，以便建立和谐的人际关系。

口才的重要性

卡耐基就十分重视口才的培养，他认为，好的口才可以让人际关系更和谐，让事业发展更顺利。因为善于言辞的人往往能够获得更好的职位、荣誉和丰厚的回报。所以，我们应该重视说话的艺术，不断提高自己的表达能力。

培养自己的口才

　　善于说话是魅力和智慧的体现，对事业、人际关系和幸福都会产生正面影响。好口才是成功的敲门砖，能让我们在竞争、谈判等场合中更有优势。因此，我们应该注重培养自己的口才，提高自己的表达能力，以便更好地应对各种挑战和机遇。

口下留情，不要随意下定论

　　生活中，有些人看问题偏执，说话武断，还很自以为是。他们往往缺乏情商，社交能力差，很容易招致他人的反感，最后还会陷入孤立无援的状态。只有委婉地表达，才会显得更加细致和体贴。

　　武断的说话方式如同"毒药"，会破坏交流。说话要让人感到舒适，避免给无定论的问题下结论，更不要强迫别人按自己的方式行事。

　　发表观点时需谨慎。对于那些不熟悉或存疑的事实，千万不要太过武断地下结论，要确保表达准确、有分寸。

避免使用绝对词汇

　　我们要避免使用"一定""肯定"等绝对词汇，多使用"有些""有时候"等限制性表达，这会使我们的立场更客观，同时也便于我们日后可以随时掌握新信息，并不断更新或修正观点。

避免给出偏激武断的意见

给他人提供意见时，要避免偏激武断，言辞要温和，建议对方三思而行，不要冲动，并明确指出，这只是自己的看法，不一定正确。这样既能给对方留有充足的考虑余地，也不会让自己承担过多的责任。

避免指责和伤害

情商高的人说话保守，不会随意伤害他人的自尊；不学无术的人，说话反而武断偏激。所以，我们在发现对方犯错时，就应该避免用指责和伤害性语言，要充分考虑对方的心情，以建设性的方式提供帮助。尊重和关心他人是建立良好人际关系的重要前提。

避免过早评判他人

我们要避免过于武断地评价他人，因为过早地判断一个人是不明智的，我们无法预知未来，也难以全面了解一个人。所以，我们应该以客观、理性的态度看待他人，尊重他们的个性和发展潜力，通过长时间的观察和了解做出更准确的判断。

避免说过头的话

在事实尚未明朗、问题仍然复杂的情况下，更要避免说过头的话。在给别人提意见或做出评价时，也要尽量采用委婉、含蓄的方式，以免伤害他人的感情、自尊，或引起不必要的冲突。这样不仅可以更好地与他人沟通，还能够建立更加和谐的人际关系。

点到为止，说话要学会留一半

> 俗话说"话到嘴边留一半，不可全抛一片心"，意思是告诫人们在说话的时候要点到为止，掌握好说话的分寸，做到谨言慎行。

有的人天性活泼，是"自来熟"；有的人少言寡语，不喜欢和不熟悉的人多说话。面对不同的人，要掌握好分寸，注意什么该说，什么不该说。

为什么话不能说尽？为什么说话要掌握分寸呢？因为每个人都要对自己说出的话负责任。

说话的哲学

人在社会中，除了是自己以外，还有别的角色，有可能是别人的家人、朋友，还有可能是具有社会属性的某个职位上的人。不同行业有不同的说话哲学，说什么话，做什么事，体现出了一个职业者的"专业度"。

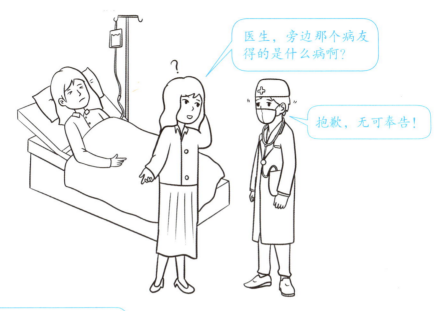

说话要讲究留白

言不必尽，留白是语言的艺术。点到为止，留有想象的空间，反而是沟通的智慧。这就如同国画中的留白艺术，意蕴深远，言者无须多言，听者自能领悟。保持愉快的氛围，默契尽在不言中。

说话要学会点到为止

在与人交流时，要保护他人颜面。即使是伤人的话，也应该包装得委婉一些，点到为止地表达出来。对于棘手的话题，更要学会点到为止，以免引起别人的反感。此外，我们还要根据对方的性格和说话习惯来把握说话的分寸，这样才能与对方建立良好的沟通关系。

这个问题之前我已经提醒过你了，为什么还会犯错呢？

你完全没有顾及我的面子！

不要喋喋不休地讲道理

在与人交流时，我们应该避免过于冗长的说教和反复地灌输大道理，因为这容易让对方产生反感。我们应该简练地表达自己的观点，并通过面部表情和身体语言来加强情感的传递。简练而富有感情的话语，能够在他人的心中留下深刻印象，引起对方的重视。

自夸也要点到为止

在适当的时机和场合下，适度的自我夸耀可以提升自信、活跃气氛，让他人更好地了解你的优势。然而，如果过度自夸，不仅会让别人忽视你的优点，还可能让他们对你产生厌恶。因为过度的自夸会让人觉得你是一个骄傲自大、不谦虚的人。所以点到为止即可。

适度的"自我暴露"，拉近彼此的距离

"自我暴露"指的是在人际交往中，将自己的想法或者信息告诉其他人，人们通过"自我暴露"建立彼此之间的联系。

"自我暴露"就像彼此交换"相识信息"，通过彼此的"自我暴露"，让彼此更加熟悉。但是"自我暴露"也要掌握好分寸，才能保护自己。

咱们单位的领导总是批评我，气死我了！你是不是也很讨厌他？

我不觉得呀……

"秘密"一旦被说出口，就不再是秘密，不要指望任何人会帮你保守"秘密"，这就是一种"自我暴露"的行为。

控制"自我暴露"度

很多人遇到自己感兴趣的事情时，就会滔滔不绝，可并不是每一次这样的表现都能得到旁人的理解和欣赏。同样一件事情，不同的人会因为处在不同的角度而产生不同的想法。所以，我们要控制"自我暴露"的程度。

三思而后言

"知者不失人，亦不失言"说的就是该和谁说话、不该和谁说话、说什么、说多少，这是一种颇具智慧的语言艺术。只有掌握这门语言艺术，才是真正的智者。因此，无论是在何种场合，在说话之前，都要三思而后言。

谨慎选择话题

　　同样一个话题，和朋友聊就会显得很轻松，和不熟悉的人聊，就很有可能会给自己带来麻烦、给旁人带来尴尬。若是在陌生的环境遇到陌生的人，不知道该开展什么话题的时候，可以从人们熟悉的事情说起，比如天气、新闻、周围的环境。需要注意的是，尽量找不会让大家尴尬的话题。

保守秘密

　　保守秘密是建立良好人际关系的重要品质，尤其是在职场中。不能严守秘密的人，很容易成为虚荣的牺牲品，因为言多必失。与其在说话上浪费时间，不如把精力投入到更有价值的事情上。

避免打听他人隐私

与人交往时，我们要避免打听和传播他人隐私，这是尊重他人隐私和避免冲突的重要原则。每个人都有自己的秘密和不想被触及的"逆鳞"，过度探究或传播这些信息可能会伤害到别人，给自己带来麻烦。因为祸从口出，所以谨慎说话是避免人际问题的关键。

耐心倾听，不要急于表达自我

研究表明，很多人在经历了倾诉之后，能够感受到难过情绪会有所缓解，由此可见倾诉的重要性。有人倾诉，就一定有人倾听。

倾听是促进人际关系朝着良好方向发展的秘诀，倾听别人的话语，是一种礼貌，也是一种让对方可以看见的真诚和正向力量。

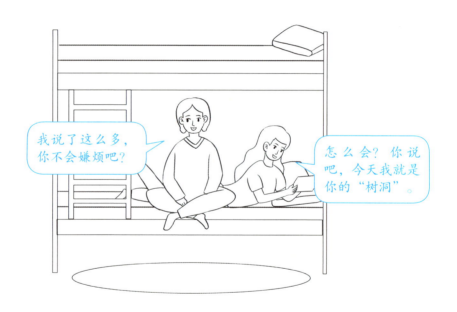

倾诉是一种能量的释放，也是一种情感的宣泄。遇到一个忠实的倾听者是幸运的，同时也不要忘了让自己成为一个倾听者。

认真倾听

要想成为一个倾听者，让朋友、家人倾诉他们的想法，或是成功的喜悦，或是失败的悲伤，或是失落的等待，即便你提不出什么好的建议也没关系，因为倾听就是一种默默的支持。

听、说结合

与人交谈时，既要善说，又要会听。轻率批评源于缺乏倾听技巧。倾听他人的反馈，可判断对方是否理解你的观点，也可看出其关心的重点。所以，成功的沟通需结合"听"与"说"，两者齐飞，方能翱翔。

倾听需要训练

倾听在人际交往中至关重要，它不仅可以让你获取你想知道的信息，还能使对方的精神得到满足，有利于人们顺利地解决问题。合格的倾听者需要积极关注对方的发言，让对方把心里话说出来。因此，倾听是一种需要训练的技艺。

理解言外之意

在人际沟通中，正确理解对方的言外之意非常重要，这需要我们有很强的理解能力。同时，言外之意在很多场合是必要的，如批评人、给领导提建议、面对提问或涉及机密时，我们需要根据情境选择合适的表达方式，以免发生尴尬或误解。

寻找共同的兴趣

　　要想更好地与人沟通，就要学会发现彼此的爱好和共同点，根据不同情况选择合适的时机来展开交流。一旦确定了共同的方面或者能够引发兴奋的领域之后，我们就能够更专注地聆听对方。

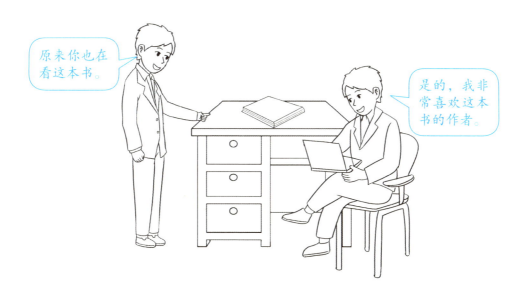

正视口误，巧妙弥补不留遗憾

在与人沟通时，难免会出现口误，其关键在于如何处理。所以，我们要保持镇定，快速思考弥补的方法，并且及时纠正，不能将错就错，以免造成误会。

口误会造成不同程度的后果，但我们可以用智慧来快速补救，帮助我们挽回失误。不应该死要面子活受罪，一错再错，否则只会落得惨败。

原材料价格上涨，我们提高出厂价也是不得已。

唉，能理解，生意难做呀！

错话难收，但可以补救。只要善于应对，口误也能化为妙语，进一步展现我们的个人魅力。

转移法

当我们出现口误时，可借鉴转移法或转折法进行弥补。转移法是将错误转移到他人头上，给自己创造机会改正口误；转折法则是迅速撇开错误，补充正确说法，将口误甩到一边，不去管它。

意思延伸法

意思延伸法，是指将错误的意思延伸为其他含义，并朝着正确的方向发展。在改正错误时，要选用适当的言辞，避免弄巧成拙。所以，如果不慎出现口误，也不必担心，只需巧妙地弥补即可。

第五篇

保有底线，共事要讲分寸

　　俗话说得好："众人拾柴火焰高"，虽然每个人都是彼此独立的存在，但在现实生活中，我们依然需要重视合作，以促进自身的发展。所以，我们在与人共事的过程中，需要掌握分寸的智慧。比如，我们要学会尊重他人，保持彼此之间的距离……只有掌握好共事的分寸智慧，彼此才能相处得更加融洽。

"亲密有间"，尊重彼此的个人空间

在亲密关系中，理解彼此的需要，尊重对方的个人空间至关重要。

人与人交往时讲究社交距离，注意区分熟人和陌生人之间的社交尺度。但也有人对待陌生人视如旧友，我们称之为"自来熟"。自来熟的人带有亲和力，在社交场合中更讨喜。但自来熟也容易失去边界感，让人感到不适和唐突。尤其是性格慢热的人很难招架"自来熟"们的热情。

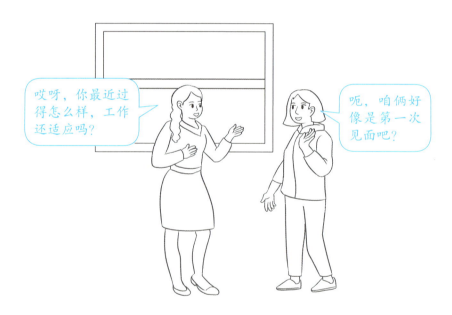

> 哎呀，你最近过得怎么样，工作还适应吗？

> 呃，咱俩好像是第一次见面吧？

冷漠伤人，可过度热情也会让人难以接受。如果拿捏不好"熟"的分寸，就很容易给别人带来麻烦。

警惕越界行为是正常的心理

人们普遍拥有私人空间，会下意识保护私人领域。即便是很要好的朋友，也会保持一定距离。所以我们对于陌生人的热情，容易产生警觉、抵触的心态，因为我们觉得他"越界"了。

培养稳定关系要循序渐进

培养稳定而长久的关系需要循序渐进。热情的问好可以带来相识的契

机，但真正长久的友谊需要依靠互相尊重和互相帮助来加固。友情深厚的人，即便多年后重逢，依然能够保持亲密的关系。

人际交往中的"刺猬定律"

心理学中有个著名的故事：两只刺猬抱团取暖，太近会刺伤彼此，太远又无法取暖。这就是心理学中的"刺猬定律"，也叫作"心理距离效应"。这个故事说明，朋友之间最亲近的距离，是"合适的距离"，也就是能够让两个人都感到舒适的距离。

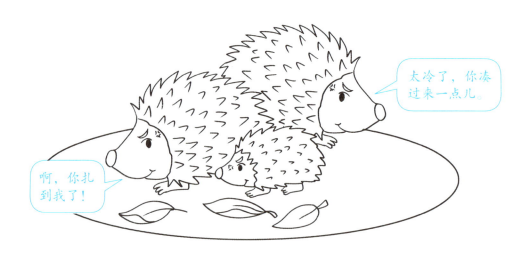

保持交往距离是一种自我保护

人们在交往时，需要用距离来保护自己。再浓烈的感情，也需要一段距离来缓冲情感，给自己保留安全区域的同时，也防止给对方带来过大的负担。两个人的交往距离越近，越容易忘记分寸，产生矛盾和言语冲突，使双方受到伤害。

保留亲密关系中的界限

　　理想的社交距离，不是亲密无间，而是了解并尊重对方的底线。无论是朋友还是恋人，或是亲子、兄弟、姐妹这种更亲密的关系，都需要维持交流的界限，给对方保留隐私空间。无论关系多么深厚，都不能把对方在亲密关系中的退让视为理所当然。

规避忌讳，别因无知毁了交情

有些人不太注意别人的忌讳，所以他们容易遭遇突然被朋友冷落的情况，这大概是因为他们犯了对方的忌讳，使人不悦。

友谊建立的过程很漫长，但交往时不规避对方的忌讳，使对方受伤，就会轻易让努力建立的友情变质。比如对方刚离婚，就不要一直用这类话题刺激他。

对了，你是不是离婚了？

是呀，要不要再给你个喇叭，你替我"昭告天下"？

每个人的忌讳不同，但具有一些共通性。在交往时，多了解朋友的忌讳，并留意不去踩这个"雷区"。

入乡随俗，尊重地方忌讳

不同的地区，有不同的文化习俗和一些民族性的忌讳。在进入陌生地区时，要注意了解当地的禁忌，才能做到入乡随俗。

不要一直盯着手机

现代社交中一个很常见的忌讳是一直盯着手机看。在比较正式的社交场合，只看手机的行为非常不礼貌。如果实在需要用手机来处理工作或者紧急

事情，一定要提前向他人说明并表示歉意。

记住交谈对象的名字

有人会介意别人不记得他的名字。尤其对于一些比较有名望的人，如果你连他的名字都不记得，却还要和他交谈，容易招来对方的厌恶。这说明你其实对他本人不感兴趣，也无法和他交朋友。对于不太熟悉的交谈对象，如果不记得他的名字，只要简单寒暄就好。

尊重不同性格的人

面对不同性格的人，要有不同的社交方式。比如性格内向的朋友，就不要强求他融入你的交友圈，强迫他去应酬、去应付许多陌生人。比如内心敏感的朋友，不要讨论对方的缺点，不要触碰使对方不开心的事情。不管什么性格，都需要得到交往对象的尊重。

注意一些特别的话题

在日常沟通中，还需要注意一些特别的话题。比如涉及到个人隐私的财产收入、恋爱经历、婚姻情况、生活习惯等话题。如果你们的关系还没有亲密到可以自由讨论的地步，或是对方有意避开你的提问，就不要讨论这类问题了。如果已经冒犯了对方，你就要及时道歉。

大巧若拙，凡事要懂得收敛一些

古人告诉我们，要懂得藏拙。意思是即便你再聪明，也要表现出不太聪明的样子。特别是在工作中，如果你是一个聪明的下属，就不要和领导抢功劳。

在职场中，大家要时刻记得提醒自己，一定要把握好分寸，尤其是要学会不要和领导抢功劳。这样，你的职场之路才能走得更加顺畅。

假如你自身能力过硬、实力太强，那么你就要低调一些，不要让领导觉得你对他造成了威胁。

把握分寸感

在职场中，我们要永远记得"分寸感"这三个字，千万不要在表现自己的时候忘记了领导的存在，以免为了赢得一时的风光而错失未来的良机。

实现共赢

在职场中，所有的成就都不是单打独斗出来的，都是大家共同努力的结果，也离不开领导的指导和安排。因此，想要实现共赢，就要学会与上司合

作，并让他们记住你的贡献。这并不意味着你要默默无闻或者不重视自己的成就，而是要以一种聪明和策略性的方式去建立合作关系，使每个人都能从中受益。

找机会得到指点

在职场中，能力固然重要，但是能力只是一个方面，还要学会给上司留下指导你的空间。这样一来，不仅能够帮助你树立积极的形象，还可以增加职业发展的机会。

公共场合，给领导留面子

领导的决定未必都是对的，但是如果当众和领导发生争执，其实是一个很不明智的做法。就算知道领导犯了错，最好也不要当众指出，要学会给他留面子，私下里再把问题说明。

请做出正确的选择

终其一生，我们都在做选择。持续做出正确的选择，才能让我们收获成功。如果选择一再失误，就会带给我们失败。一个人的选择往往决定了他是走向成功还是失败。在人生的每个重要关口，做选择都要慎之又慎。

我觉得只要努力，就能成功。选择并不那么重要。

如果你选择了一个不适合你的领域，那么即使你再努力，也可能无法取得预期的效果。

第五篇

人际交往的智慧，洞察他人内心的智慧

　　一个人成熟的标志，就在于他懂得自尊自爱。在与人交往时，我们要把握好度，既要懂得自我控制，也要学会尊重他人。学会保护自己，并不是让我们独居一隅，而是要在人际交往中保持独立、自信。而尊重他人则是指正确地向对方阐述自己的观点，不要过度指责对方。

携手共进：取长补短，共创辉煌未来

> 优势互补的朋友是你郁闷时的强心剂，是你无聊时的开心果，还是打遍天下无敌手的好盟友。多交优势互补的朋友，幸福的人生就指日可待了。

这世上没有人是完美的，我们要擅长发现他人的优势，学习他人的长处。成功者之所以可以取得成功，就源于他们的潜能得到了开发。

每个人都有他们优点和长处，但也有一些人总是盯着别人的缺点不放。

确实如此，我们应该多学习他人的优点，而不是嘲笑他们的短处。

一个人之所以能干，任何棘手的问题到了他手里都可以轻松化解，就在于他擅长让身边的人为己所用，这就是借势的好处。对于做事而言，借势就如同鸟儿的羽毛，会助你一飞冲天。

成功从来不是轻易可以达成的，它需要时间、努力和智慧。然而，如果我们能够聪明地借助外力，那么成功的概率将会大大增加。历史上的曹操就是一个很好的例子。

曹操，一代枭雄，深谙集思广益之道。他明白，一个人的力量有限，但如果能够将众人的智慧集结起来，那将是一股不可估量的力量。因此，他颁布了《求贤令》，旨在吸引天下英才，共同谋划大业。在这道《求贤令》的号召下，无数才子投奔曹操，他的阵营中人才济济。这些人才为曹操出谋划策，助他制订了一系列精妙的作战计划。正是依靠这些得力助手，曹操才能在乱世之中赢得一席之地，建立赫赫战功。曹操的故事告诉我们，成功并非一蹴而就，只要我们学会巧妙地借助外力，汇聚身边的智慧和力量，便能够大大增加成功的概率。

待己以严，待人以宽

做人切忌待人以严，待己以宽。要想交到知心的朋友，在事业上有所突破，就要严格要求自己，宽容对待他人。懂得原谅他人的过失，你才能拥有好人缘，也为自己赢得尊重。

真正能干的人，并不一定有什么特别的能力，但他们懂得如何团结和借助他人的力量。

确实，借势对于一个人的成功至关重要。

多途径了解对方

在与人交往时，我们不仅可以通过已经掌握的资料来了解对方，还可以通过观察对方的一言一行，来判断对方的个性。尤其要通过对方所说的话来

了解对方，因为一个人的心理活动和性格特点都会通过他所说的话表现出来。

纵观那些成功人士，排除个人能力、机会这些因素，他们也非常擅长结交朋友。单枪匹马自然也可以获得成功，但如果有朋友助力，事业会发展得更快。请珍惜生命中的贵人，因为他们会在你的背后助力，让你飞得更高、更远。

结交卓越的朋友，往往能助力个人成长与事业腾飞。春秋时期，管仲与鲍叔牙的情谊堪称典范。管仲与鲍叔牙自幼便结下深厚的友谊。尽管家境悬殊，但两人志同道合，怀揣着建功立业的雄心壮志。鲍叔牙家境优渥，却从不炫耀富贵；而管仲虽出身贫寒，却才华横溢，志存高远。他们彼此扶持，共同钻研学问，时常探讨国家大事。

在齐国的政治舞台上，管仲与鲍叔牙各展所长，为国家的昌盛富强贡献着智慧与力量。管仲凭借其卓越的政治智慧与深邃的洞察力，辅佐齐桓公成就春秋霸业；而鲍叔牙则以高尚品德与卓越的军事才能，赢得世人的敬仰与赞誉。他们的友情源于相互欣赏与尊重，更基于共同的理想与追求。他们相互学习、相互支持，共同成长。管仲从鲍叔牙身上汲取坚韧不拔的精神与忠贞报国的品质；而鲍叔牙也从管仲身上领略到睿智与远见。

多结交优秀的人

《孟母三迁》的故事告诉我们，选择一个好环境有多么重要。交友时，一定要选择那种阳光、积极的人。如果你结交的都是一些爱嚼舌根的朋友，那么你就会处处受阻。如果你身边都是优秀的人，那么你也会在潜移默化中变得优秀起来。

只要我们真诚待人、积极交往，总有一天我们也会遇到那样的人。

寻找一位能够独当一面、协助自己成功的朋友确实不容易。

面子与和谐：在冲突中寻求和解

与人交往时，得饶人处且饶人。如果你得理不饶人，不仅会伤了对方的面子，让对方下不来台，也会伤了自己的里子。

当有人因为一时失误感到困窘时，你千万不要幸灾乐祸。不分场合地指责、谩骂他人，这会伤及他人的尊严，给他人带来难以消除的伤害。

如果在公共场合遇到尴尬的情况怎么办？

首先保持冷静，不要过于自责或责怪别人。然后试着用幽默的方式来化解尴尬，让气氛变得轻松一些。

与人交往，保全他人的面子，其实也是给自己挣面子。当有一天，你对他有所求时，他自然不会袖手旁观。要想拥有好的人际关系，你就必须学会给他人台阶下。唯有如此，你才能得到珍贵的友情、爱情，赢得他人的信赖。否则，你很有可能会遭到他人的报复，陷入难堪的境地。

关羽，一代武圣，威震华夏，然而他性格中的傲慢与自大最终让他走上了绝路。在那个三国鼎立的年代，孙权作为东吴之主，曾有意与关羽修好关系，甚至提出与关羽结为姻亲。这本是增进两国情谊的绝佳机会，但关羽却以他的高傲态度，否定了孙权的提议。他的一句话，就像一把尖刀，深深刺入孙权心中。关羽说："我的女儿岂能嫁给你这般平庸之人之子？"

孙权被关羽的傲慢激怒，心中的怒火难以平息。他不再顾忌两国的情谊，果断进攻荆州。关羽在连续的败仗中，被迫退守麦城，然而，最终还是没能摆脱孙权的追杀，一代英雄就这样陨落。关羽的故事警示我们，做人不能过于傲慢，要学会尊重他人，给他人留有余地。因为只有尊重他人，才能赢得他人的尊重；只有给他人留面子，才能在日后相处中保持和谐的关系。

给朋友留面子

要想拥有好的人际关系，就要懂得给对方留面子。不要自作聪明地当众指出对方的错误，对方不仅不会感激你，还会对你怀恨在心。不管你对面站的是什么人，都不说有损他人面子的话。

与人相处时，总是有各种冲突和矛盾，我该怎么办？

要想与人和谐融洽地相处，必须要给对方留面子。

时刻铭记维护他人的尊严

中国人是很讲面子的，而面子也就是我们平常所说的尊严。在与人交往时，一定要注意维护他人的尊严。如此你才能赢得他人的尊重，保护自己的

面子。当你时刻维护他人的尊严时，他人也会予以你肯定，你们之间的关系才会更亲密。

在与人交往时，一定要记得给他人留面子。当你不给他人面子时，别人又如何能给你面子？在一些无关紧要的事情上，不要太过于计较，给他人一个台阶下，其实也是给自己留了面子。越是在人多的场合，越要懂得给他人留面子。

在曾国藩步入仕途初期，他经常毫不留情地批评身边的人，这让他得罪了不少朝廷重臣和地方上的显贵，也因此招来了无数的打压与报复。当太平天国运动席卷全国时，曾国藩挺身而出，为了国家的安危，他直言进谏，毫不避讳地指出了朝廷的三大弊端。然而，这种无所顾忌的言论，虽然出于公心，却也让皇帝感到颜面尽失，险些下令治他的罪。

然而，曾国藩并未因此气馁。他深入反思，仔细研读古籍，寻找自己在官场中四处碰壁的原因。最终，他意识到，自己的问题在于言辞过于尖锐，没有考虑到他人的感受，从而给自己带来了诸多麻烦。于是，曾国藩开始学着换位思考，逐渐领悟"言多必失，话到嘴边留三分"的道理。他不再轻易发表意见，而是学会了在适当的时候保持沉默，给他人留足颜面。这样的转变，使他在官场上变得得心应手，赢得了更多人的尊重与信任。

勿伤了他人的面子

　　精于世故的人之所以受欢迎，很重要的一个原因就是他懂得维护他人的颜面。遇到和面子有关的问题时，一定要小心，不可当面让人下不来台。对人有意见，最好私底下沟通，不要当面指出，以免伤及对方的尊严，这才是一个会做人的人的正确做法。

你觉得在社交场合中应该如何处理面子问题呢？

我们应该以尊重对方为出发点。

人际关系的平衡智慧：宽以待人，适可而止

> 宽容是一种高贵的品质，只有你对别人宽容以待，别人才会包容你。如果你对别人充满敌意，必然会深陷孤独中无法自拔。

人生漫漫，因为自私而犯错的人比比皆是。可是不管什么事都要把握好度，如果一味追逐个人利益而伤害他人，最终也会伤害我们自己。

是不是所有人都会在某些时候表现出自私的一面呢？

是的，每个人都会有自私的时候，这是人性使然。

做人要像大海一样，有海纳百川的雅量。心有天地宽，路才能越走越宽。对他人宽容以待，你的心中才会充满爱。

秦穆公统治时期，他因自信过度而犯下了一个错误。当时，他未采纳蹇叔的建议，执意派孟明视、西乞术、白乙丙这三位将军远征郑国。秦军遭受了惨败，三位将军也被敌方俘虏。经过不懈的努力，他们终于回到了秦国。然而，出乎他们意料的是，秦穆公没有责怪他们，还坦诚地说："是我没有听从蹇叔的劝告，才让你们承受了这样的屈辱。"时光荏苒，两年后，秦穆公再次将孟明视等

人派往前线与晋国作战。然而，秦军再次遭遇了失败。众人纷纷猜测，秦穆公这次一定会严惩孟明视等人。然而，这次秦穆公依然没有责怪他们。几年后，秦穆公再次任命孟明视为将领，领兵征讨晋国。这一次，秦军背水一战，士气高涨。最终，秦军取得了胜利。秦穆公的故事告诉我们，宽容是一种强大的力量。只有当我们学会宽容地对待他人的过失和失败时，才能够激发出更大的潜力和战斗力。

豁达的人最幸福

身处社会群体中的我们，与别人产生矛盾是不可避免的。这就要求我们心胸开阔一些，如果凡事斤斤计较，最终会影响到我们自己的幸福。动辄在小事上发脾气的人，只会让人觉得他没有气度。当他人犯错，而我们选择原谅对方时，不仅是在帮助他人改错，也在一定程度上保护了对方的尊严。宽容是一种高尚的品质，只有当我们对人、对事宽容时，才能拥有平和的心境。

我们应该如何培养这种宽容的心态呢？

首先，我们需要认识到宽容的重要性。其次，可以尝试从日常生活中的小事做起。

学会以德报怨

生活中，很少有人能够以德报怨。人生苦短，千万不要跟自己过不去，学会宽容，大度地包容他人的过错，我们的人生才能上一个新台阶。以德报

怨展现的是做人的涵养，同时也是一种积极的人生态度。以德报怨，你心中的怒火才能更快消解，从而收获幸福人生。

宽容真是神奇，它能让心中的仇恨和怒火消散。

是呀，如果我们总是以怨报怨，只会让事情变得更加糟糕。

纵观古今，但凡能做出一番大事业的人，大多是胸怀宽广的人。当我们选择宽容，我们的人生就会越走越开阔。当我们懂得宽容，他人带给我们的伤害也会随风消逝。一个通透的人，懂得原谅他人的过错，让自己快乐起来。

在南宋乾道二年（1166年）那个寒冷的腊月，叶颙（yóng）身兼宰相与国用使的重任，踏入大殿，准备向皇帝表达谢意。然而，他尚未开口，皇帝却先提及了一件往事："林安宅曾无端指责你侄子贪腐，原来背后有郑昺（bǐng）在煽风点火。对此，他也应受到惩罚。"叶颙听后，平静回应："陛下，我并非首次遭受误解和诽谤。很多人遇到这种情况，都选择默默忍受。但我得以洗清冤屈，全赖陛下您的英明果断。如今，我尚未报答皇恩，却因此事增添新怨，这并非我所愿。"皇帝听后，感慨地说："孔子曾说：'伯夷叔齐不念旧恶，因此减少了怨恨。'叶颙，你也具备这样的美德。"

这个故事传颂千古，成为宽容成大事的典范。叶颙的故事告诉我们，面对误解和诽谤时，我们应保持冷静和理智，用宽容和包容的心态去化解矛盾。

宽容他人的人才是做人的高手

当你和对方意见不一时，你不是一味地坚持己见，而是想办法理解对方，这就是宽容。但凡想要在事业上有所突破的人，心胸就要开阔一些。是人都会犯错，不要苛求对方。当你能够宽容那些做错事的人，不和他们斤斤计较，你才会变得豁达。这是一种为人处世的技巧。

在与人交往中，我不应过分追求完美，而是要学会宽容和接纳他人的不足。

是的，只有当我们学会宽容，才能真正理解"人非圣贤，孰能无过"这句话所蕴含的道理。

社交的弹性之美：刚中有柔，柔中带刚

有的人是人际交往的高手，有的人则怵于人际关系，其中一个很重要的原因就是他们不擅长给人留余地。究竟怎么留余地，这是一门大学问。

难得糊涂是一种大智慧，原谅他人的一些小过失，不过于苛求他人，多看他人的优点和长处，你就会发现拥有好人缘原来是如此简单。

有时，我需要糊涂一些，不能总是表现得过于精明。

我同意。我们应该学会在适当的时候掩饰自己的情绪，不动声色地应对各种情况。

在人际交往中，我们应学会察言观色，善于倾听与理解他人的需求与感受。遇到矛盾或冲突时，不妨先以和为贵，用温和而巧妙的方式化解分歧，避免直接冲突。

清朝末年，有一位朝廷重臣名为张之洞，他以圆融的处世之道在官场中声名远扬。当时，张之洞身居山西巡抚的高位，泰裕票号的孔老板欲赠予他一万两银子。然而，张之洞却以谦逊的姿态婉拒了这份礼物。但又考虑到山西百姓的疾苦，他心生一计。他想将这笔银子用于救济百姓，让这笔钱真正发挥它的价值。

孔老板被张之洞的善举打动，决定捐出更多的银子。但同时，他也提出了两个要求：一是希望张之洞能为他的票号题写一块匾额；二是希望能获得一个候补道台的官衔。对于捐官之事，张之洞深知朝廷有例可循，便应允了下来。而对于题写匾额之事，他则展现出了极高的情商。他并未直接称赞孔老板的票号为天下第一，而是巧妙地写下了"天下第一诚信"六个字。这既表达了对诚信的赞誉，又避免了直接吹捧该票号，展现出他圆融的处世之道。最终，张之洞成功地为山西百姓筹集到了善款。

学会适时装傻

生活中我们时常可以见到这样一类人，他们八面玲珑，无论和谁打交道都游刃有余。这样的人擅长揣摩人心，适应社会的能力较强，知道在什么场合该说什么样的话。在与人交往的过程中，要懂得适时装傻。尤其是在领导面前，更要懂得藏拙，不要事事都锋芒毕露，不要不合时宜地指出对方的不足。装傻并不是真傻，是为了给对方台阶下。

有些人心里明白却故意装傻，这是不是真的傻呢？

不，这其实是大智若愚的表现。适时装傻，可以避免很多麻烦。

方与圆

为人处世，不仅要遵守原则，还要学会灵活多变，做到刚柔并济。如果只懂得坚守原则，则会处处碰壁，很难成就一番事业。如果只会投机取巧，则缺乏主见，为人所瞧不起。将两者结合起来，势必会变得智慧通达，在人际交往中做到左右逢源。

怎么做才是方圆并济呢？

首先，我们要有坚定的原则，然后我们需要在实践中不断磨砺自己的灵活性。

刚是一种坚定的力量，是让人立于这世间的资本。而柔则会让人变得亲和，让人长久屹立不倒。如果用刚去对付刚，则会碰得头破血流；如用柔去对付刚，则会事半功倍。刚烈的人极易丧失理智，而柔和之人则可以克服这一弱点，征服刚烈之人。

汉朝的开国君主刘邦，在处理政务时展现出了刚柔并济的高超智慧。想当年，楚汉相争之际，季布作为项羽麾下的猛将，多次令刘邦陷入困境。因此，刘邦对季布心生怨恨。西汉建国之初，刘邦愤然下令，悬赏千金捉拿季布，誓要将其绳之以法，甚至威胁世人，谁敢藏匿他将遭灭门之灾。当季布巧妙伪装，躲避追捕，最终得到朱大侠的庇护时，刘邦并未急于行动。他静观其变，等待时机。朱家了解季布的才能，更明白刘邦的雄心壮志。朱大侠巧妙地劝说滕公，滕公被朱大侠打动，向刘邦转述了朱大侠的想法。

刘邦听后，深以为然，为了国家的长治久安，他必须放下个人恩怨，赦免季布。这一举动不仅让季布感念刘邦的宽宏大量，更让天下人看到了刘邦的治国智慧与气魄。刘邦刚柔并济的处事方式，不仅赢得了人们的尊敬与赞誉，更为后世君主树立了榜样。

做个"方圆"之人

在与人打交道的过程中，要保持一定的弹性，注意说话的分寸，做个"方圆"之人。这样的人行动果敢，擅长观察形势，该退则退。他们具有大智慧，又有大肚量。无论遇到什么事，他们都能泰然处之。

你觉得在工作中如何才能成为"方圆"之人呢？

我们在工作中一定要注意尺度，该退则退，但也要有底线。

社交艺术的从容智慧：适时止步，余地自在

人生在世，懂得见好就收的人才是智者。人生不可能一帆风顺，美好的时光总是短暂的，会见好就收的人才能有满满的收获。

做人一定要记得给自己留条退路，不要一条道走到黑。懂得见好就收，才能知足常乐。当形势不允许时，要适时撤退，才是大智慧。

当事情进展得很顺利时，应适时停下，保持冷静。

见好就收是一种智慧。人在处于巅峰状态时，往往难以保持冷静。

做人做事，务必留有余地。这不仅是一种智慧，更是一种修养。在人际交往中，我们应该学会尊重他人，避免过于犀利的言辞和过激的行为，以免给他人造成伤害。留有余地，意味着给自己和他人留下回旋的余地，让事情有更大的发展空间和可能性。同时，这也是一种自我保护的方式，避免因为过于极端而陷入困境。

唐朝的郭子仪是一位著名的将领，为唐朝立下了赫赫战功。然而，他为人却极其谦和，行事谨慎，从不轻易得罪人。

中唐时期，有一位名叫卢杞的宰相，他虽出身名门，却以奸诈

闻名，陷害忠良无数。某日，他来到郭子仪的府邸拜访。郭子仪深知卢杞的为人，为了顾及卢杞的脸面，他特意将家中的女眷全部请出，以免她们因无心之言而让卢杞难堪。

在交谈中，郭子仪对卢杞表现得极为尊重，两人相谈甚欢。这次拜访让卢杞感受到了郭子仪的真诚与器重，心中对他充满了感激。后来，卢杞果然官运亨通，成为宰相。他对那些曾嘲笑或得罪过他的人进行了残酷的报复，唯独对郭子仪手下留情。郭子仪的为人处世之道，为我们树立了榜样。他做人做事总是留有余地，既尊重了他人，也保护了自己。避免因一时冲动而得罪他人，为自己带来了麻烦。

留有余地才不会行至水穷处

在与人交往时，千万不要把话说得太满，也不要把事做得太绝，给自己留一条退路，也给他人留有余地。这既能保全自己，也能让自己有机会从头再来。

与人交往为什么一定要留有余地呢？

这是相互的，你给人家留了面子，人家以后也会给你机会。

该放手时就放手

聪明人都懂得，该放手时就必须要放手，否则只会徒增烦恼。人生最难

做到的两个字就是放下，最难拿捏的两个字就是尺度。只有学会放手，才能为你省去更多烦恼，轻装上阵，才更容易做出一番成绩来。而恪守尺度的人往往是既有定力又有悟性的人。

有时候，我们是否应该学着放下一些不易得到的东西，以便追求更有意义的生活？

人生是有限的，所以那些可望而不可即的东西，我们必须学会放下。

懂得留余地，不赶尽杀绝，凡事见好就收，这样事情才有回旋的余地，找到完美的平衡点，让自己屹立不倒，别人也会对你感激不尽。

清朝的传奇商人胡雪岩名震四海，不仅有"红顶商人"之称，更被赐予二品顶戴，堪称徽商之典范。昔年，胡雪岩独具慧眼，一举买断湖州府的蚕丝，从而垄断市场，无论百姓还是洋商，皆需向他采购，此举令其获利颇丰，名声大噪。尝到甜头后，胡雪岩次年再度出手，欲复制前年的辉煌。然而，世事难料，洋商此次竟以低价抛售日本人造丝，令市场格局突变。这让胡雪岩措手不及，亏损高达六千万两白银，元气大伤，几乎一蹶不振。幸得左宗棠出手相助，才得以渡过难关。

经此一事，胡雪岩深刻领悟：商海沉浮，不可贪得无厌，更不可将他人逼至绝境。若不留余地，便是自断后路，自此以后，他学会适时退步，给予他人发展空间，以和为贵，共创繁荣。胡雪岩的经历告诉我们，做人做事都应适可而止，留有余地。在追求自身利益的同时，也要顾及他人，方能长久发展，共创和谐未来。

凡事留余地

做人也好，做事也好，如果是好的事情，当然要留有余地。如果是不好的事，有违原则的事，则没必要留余地。明智的人都懂得不把话说绝，不把事做绝，留有余地的同时，也给自己留下退路。

在处理事情时，为什么要预留"修正"的空间呢？

是为了应对不可预见的情况和变化。

人际关系的润滑剂：化解矛盾，以和为贵

古今中外，但凡在事业上取得成就的人，大多具有宽容大度、以和为贵的品质。心胸宽广的人，更容易收获真诚的友谊，也更容易和他人团结一致。

古代圣贤提倡以和为贵，他们深知，人与人之间只有相互包容，才能形成亲密的关系。因为一点儿小事就大动干戈，则会因小失大。

如何在冲突时快速冷静下来，坐下商谈？

首先需要有开放和包容的心态，其次需要掌握有效的沟通技巧。

如果他人得罪了自己，我们要学会忘记。如果他人有恩于我们，我们则要牢记于心。如果你一直记得他人对自己造成的伤害，最终受伤的是我们自己。人活一世，要想活得轻松一点儿，就要学会忘记不快。

三国时期，蜀国有一位威震四方的武将——张飞。他勇猛无比，智勇双全，为蜀国立下赫赫战功。然而，正是他性格中那份难以控制的暴烈，最终让他走上了不归路。

张飞在军中素来脾气火暴，每次饮酒后，他都会挥舞鞭子，对

士兵们施加严厉的惩罚。刘备多次劝诫他，希望他能够收敛自己的脾气，但张飞从未真正改过。关羽离世后，他急于为关羽复仇，下令手下范疆、张达在极短的时间内备齐部队所需的"白衣白甲"。他们诚恳地请求张飞宽限几日，张飞听后却勃然大怒，不仅将两人绑在树上鞭打，更是将期限缩短至第二日，并威胁说若不按时完成任务，便要他们的性命。张飞未曾想到，自己的暴怒最终会引来杀身之祸。在一个月黑风高的夜晚，范疆和张达趁着张飞酩酊大醉之际，结束了他的生命。

这个故事告诉我们，做人要讲和气。用冷静和理智的态度去面对生活中的种种挑战。

和气是做人的根本

一个人要想在社会上立于不败之地，好的人际关系是必不可少的。古语有云：以和为贵，和气生财，这都在告诉我们，和谐的人际关系是成大事的根本。不要被愤怒冲昏了头脑，保持和气，才能拥有强大的人格魅力。

共赢才是最好的状态

人生不是战场，不是非要争个你输我赢，共赢才是最好的状态，大家好

才是真的好。这个时代早已不是天大地大我最大的时代，只有互惠互利，大家才能得到更好的发展。如果和他人形成敌对关系，你的事业也将难以长久发展下去。

如何避免陷入与他人敌对和竞争的状态？

我们需要转变思维方式，从互惠双赢的角度出发。

人生在世，发生矛盾是不可避免的，很多人会因此争论不休，这是非常不明智的。每个人都有自己的行事标准，我们不可能要求他人和自己一样。保持开阔的心胸，圆融一些，凡事以和为贵，不认死理，自然会更受欢迎。

北宋初期，李昉（fǎng）与卢多逊曾是一对肝胆相照的朋友。然而，随着卢多逊荣升宰相，他对李昉的态度逐渐变得冷漠，甚至开始打压昔日的挚友，不时向皇帝进谗言。但命运总是难以预料，卢多逊因罪被贬，而李昉则接过了宰相的重任。令人敬佩的是，李昉并未因往日的恩怨而记恨，反而多次在皇帝面前为卢多逊求情。

身居高位的李昉，时常面临各种请托，但他总能以和为贵，巧妙应对，既不得罪人，又能坚守原则。对于那些才华横溢的人才，李昉总是在皇帝面前积极推荐他们，在他的鼓励和推荐下，许多有识之士得以踏上仕途。

李昉一生秉持以和为贵的理念，与人为善，赢得了众人的尊重和敬佩。他的子孙也继承了他的风范，相继在朝廷中担任要职，为国家的繁荣稳定做出了贡献。李昉的故事告诉我们，以和为贵是成就伟大事业的关键。只有以和为贵，才能化解矛盾，凝聚人心，共同创造美好的未来。

做个会处理冲突的人

面对意见不一致的局面，人们往往会争执不休，大部分人见到这种场景都是两手一摊，不知道该怎么办才好。而少数人擅长处理这样的矛盾，他们不会与任何一方产生矛盾，而慢慢地消除彼此之间的对立，最后形成一致的观点。

为什么人们总是喜欢争吵，非要论个是非曲直不可？

这可能是因为每个人都有自己的观点和立场吧！

和解的力量：与人争执，不如平和以对

世上不如意之事十之八九，如果整天为不如意的事忧心，那么我们就会活得越来越累。不要为难自己，遇到难事，笑一笑，没什么大不了！

与人相处，要学会宽容和忍让，这既是维护对方的尊严，也是给自己留面子。宽容一些，既可以避免对方的报复，也可以让对方为自己所用。

传统美德中的"恕道"是什么？

它强调与人相处时应宽容和理解，不要过于苛责和计较。

人生百态，酸甜苦辣。你必须有能容人的肚量，才能轻装上阵，消除隔阂，活出自己的精彩。

西汉时期，有一位名扬四海的丞相，名叫陈平。他少年时期家境贫寒，与兄长为伴，共同经历生活的风风雨雨。为了完成父亲的遗愿，他毅然放弃农耕，专心攻读，却因此受到了嫂嫂的责备与排斥。面对嫂嫂的冷嘲热讽和羞辱，陈平选择了宽容。他明白，家庭的和睦比个人的荣辱更为重要。然而，嫂嫂的态度却愈发恶劣，最终陈平无奈地离家出走，漂泊在外。好在哥哥及时醒悟，将陈平追回。面对曾经的矛盾，陈平十分宽容。他不仅阻止了哥哥将嫂嫂休弃的行为，更以行动证明了宽容的力量。

后来，一位德高望重的老者听闻了陈平的事迹，深受感动，决定传授他学问。陈平学有所成后辅佐刘邦，共同开创了一番伟业。陈平的故事告诉我们，宽容是一种崇高的品质。它不仅能够化解家庭矛盾，促进家庭和睦，更能够成就个人的辉煌事业。

掌控好情绪的重要性

真正的强者，都懂得克制自己的情绪。当生活中出现一些棘手的事情，如果不能掌控自己的情绪，任由火气发泄出去，那么在伤害他人的同时，也会影响到自己的前程。年轻人的情绪往往不受控制，如果你任由自己的情绪泛滥，你的生活很可能会一团糟。宽容不但有益于个人生活，也有益于事业的发展。成大事之人一定要学会容人，这才是建立良好关系的不二法门。

生气会对我们产生哪些负面影响？

生气会让我们失去理智，影响我们的思考和决策能力，导致我们做出错误的判断和行为。

宽容是解除矛盾的秘方

从古至今，宽容都是一种至高无上的美德。不要为小事挂怀，不要为了不值得的人和事与他人闹得不愉快。谁人背后不被人说，当听到他人议论自己时，大可一笑置之，不用理会。按照自己喜欢的方式生活，不用在意他人的目光，才能活出肆意而畅快的一生。

一个胸怀大志的人，不会在小事上过度纠结。芸芸众生，不过尔尔。犯不着为了一些小事生气，内心通透的人，很容易卸下心中的怨气，明白生气是不值得的。

春秋时期，楚国取得了一次辉煌的胜利，楚庄王在宫廷举办盛大的宴会来庆祝胜利。当宴饮正酣之际，一阵风将灯火熄灭，整个宫廷一片漆黑。在黑暗中，有人悄然接近了庄王的爱妃许姬，试图对她不敬。许姬机敏地挣脱了对方，并悄悄拔下了那人帽上的缨饰。随后，她匆匆来到庄王面前，低声禀告了此事。然而，庄王听后并未动怒。他深知将士们征战辛苦，酒后失态乃是人之常情。于是，他淡然一笑，高声对众人说道："今日盛宴，大家尽可畅饮。为了助兴，请诸位都拔下帽缨，尽情欢乐吧！"众人闻言，纷纷照做，宫中再次响起了欢声笑语。

几年后，楚国与晋国交战。庄王率领大军迎战，意外发现一位将军在战场上格外勇猛。他奋勇杀敌，所向披靡。战后，庄王召见这位将军，询问他为何如此英勇。将军含泪答道："大王当年的宽容之恩，我铭记在心。"

冲动行事不可取

不管在什么情况下，人都要保持理智，行动之前要三思，否则就有可能误入歧途。在制定问题的解决方案时，也要先思考行动方向，再采取实际行动。冲动易怒的人一定要明白，冲动行事只会让自己身陷困境，单凭直觉做事是很难成功的。

为什么生气不能帮助我们解决问题？

因为生气只是对不满或挫折的发泄。